中国少年儿童科学普及阅读文库

探索·科学百科 ™

中阶

传奇大师达·芬奇

1级A3

[澳]尼古拉斯·布拉克 ⊙ 著

李杨(学乐·译言) ⊙ 译

U0739830

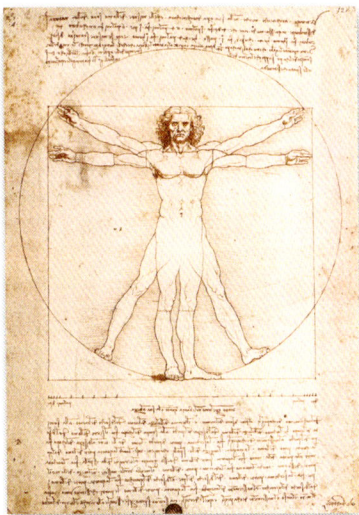

Discovery
EDUCATION ™

全国优秀出版社
全国百佳图书出版单位

广东教育出版社

广东省版权局著作权合同登记号

图字：19-2011-097号

本书原由 Weldon Owen Pty Ltd 以书名*DISCOVERY EDUCATION SERIES · The da Vinci Story*

（ISBN 978-1-74252-162-6）出版，经由北京学乐图书有限公司取得中文简体字版权，授权广东教育出版社仅在中国内地出版发行。

图书在版编目（CIP）数据

Discovery Education探索·科学百科. 中阶. 1级. A3，传奇大师达·芬奇 / [澳]尼古拉斯·布拉克著；李杨（学乐·译言）译. —广州：广东教育出版社，2012.6

（中国少年儿童科学普及阅读文库）

ISBN 978-7-5406-9076-2

Ⅰ.①D… Ⅱ.①尼… ②李… Ⅲ.①科学知识—科普读物 ②达·芬奇（1452～1519）—生平事迹—少儿读物 Ⅳ.①Z228.1 ②K835.465.72-49

中国版本图书馆 CIP 数据核字（2012）第086426号

Discovery Education探索·科学百科（中阶）
1级A3 传奇大师达·芬奇

著 [澳]尼古拉斯·布拉克　　译 李杨（学乐·译言）

责任编辑 张宏宇 李 玲　　助理编辑 能 昀 李开福　　装帧设计 李开福 袁 尹

出版 广东教育出版社
　　　地址：广州市环市东路472号12-15楼　邮编：510075　网址：http://www.gjs.cn
经销 广东新华发行集团股份有限公司　　　　　　印刷 北京顺诚彩色印刷有限公司
开本 170毫米×220毫米　16开　　　　　　　　印张 2　　　字数 25.5千字
版次 2016年3月第1版 第2次印刷　　　　　　　装别 平装

ISBN 978-7-5406-9076-2　　定价 8.00元

内容及质量服务 广东教育出版社 北京综合出版中心
　　　电话 010-68910906 68910806　网址 http://www.scholarjoy.com
质量监督电话 010-68910906 020-87613102　购书咨询电话 020-87621848 010-68910906

Discovery Education 探索·科学百科（中阶）

1级A3 传奇大师达·芬奇

全国优秀出版社
全国百佳图书出版单位

广东教育出版社 学乐

目录 | Contents

达·芬奇是谁?

列奥纳多·达·芬奇是一个领先于时代的人。他是个天才: 不仅是位卓越的艺术家, 还身兼发明家、建筑师、科学家、工程师及其他几种身份。达·芬奇生活在文艺复兴时代的早期, 那是一个伟大的艺术作品与重大的科学发现纷纷涌现, 各种重要的思想百家争鸣的时代。

意大利地处中欧

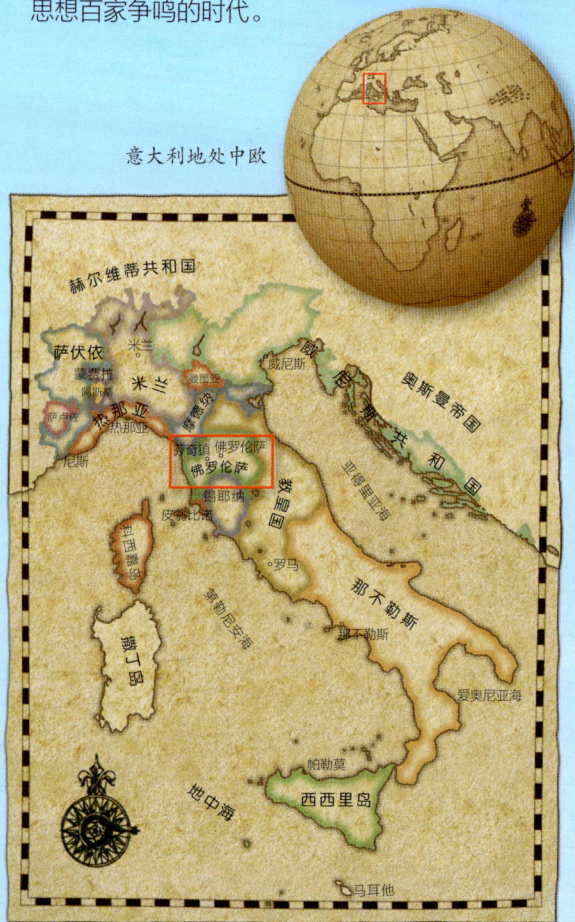

达·芬奇出生地

列奥纳多·达·芬奇在 1452 年 4 月 15 日出生于意大利北部接近佛罗伦萨的芬奇镇。

1452~1519 年世界大事纪

1452年
列奥纳多·达·芬奇出生。

1455年
约翰内斯·古登堡用印刷机印出了《圣经》。

1462年
伊凡大帝统治俄国。

1485年
英格兰爆发玫瑰战争。

1492年
克里斯托弗·哥伦布乘 "圣玛利亚号" 从西班牙出发, 同年 10 月登陆美洲。

1497
瓦斯科·达·伽马由葡萄牙出发, 经由好望角驶往印度。

1504年
米开朗基罗雕出了《大卫像》。

1509年
亨利八世登基为英格兰国王。

1517年
德国学者马丁·路德发表反对天主教的《九十五条论纲》。

1519
探索者费迪南德·麦哲伦开始环球航行。同年列奥纳多·达·芬奇去世。

自画像？

　　艺术史学家们对达·芬奇是否画过自画像意见不一。这幅著名的红色粉笔画据说是达·芬奇在60岁左右时所作，但他当时的相貌比画中更加苍老。

是真是假？

　　达·芬奇是一个完美主义者。据说他临死前曾说，"我已经冒犯了上帝和人类，因为我的作品没有达到应有的水平"。

少年达·芬奇

列 奥纳多·达·芬奇出生时，他的父母并没有结婚。小达·芬奇跟母亲住到5岁，后来移居到父亲家。虽然达·芬奇最后有了12个兄弟姐妹，但他仍然是一个孤独的人。

达·芬奇故居

这幢房子位于芬奇镇以北3千米处，据说达·芬奇就是在这里长大的。

首幅作品

我们所知的达·芬奇最早的作品是一幅钢笔素描。该画作于1473年8月5日，描绘了达·芬奇家乡附近的阿诺河。

《耶稣受洗》

达·芬奇和他的老师韦罗基奥以及其他几位艺术家合作，在1475年完成了《耶稣受洗》。有人说达·芬奇描绘的年轻跪态天使水准之高，让韦罗基奥放弃了绘画创作。

学徒达·芬奇

达·芬奇的职业生涯始于在艺术家韦罗基奥的画坊中做学徒。韦罗基奥是一名雕塑家、金匠与画家，他是当时公认的佛罗伦萨最伟大的艺术家。韦罗基奥的画坊是佛罗伦萨训练年轻艺术家的中心，许多艺术家都在那里工作。如果一位年轻画家能被画坊接收为学徒，就表示他很有天赋。

《托比亚斯和天使》

该画出自韦罗基奥的画坊。有些艺术史学家认为画中的鱼和狗出自达·芬奇的手笔。

> 只是'知道'是不够的，我们必须应用。只是'愿意'是不够的，我们必须行动。
>
> 列奥纳多·达·芬奇

《少年大卫》

韦罗基奥最伟大的作品之一，是一座铜质的大卫塑像。大卫的脚下摆着歌利亚的头颅。一些艺术史学家认为达·芬奇是这座雕塑的模特。

注：歌利亚，被大卫杀死的腓利士巨人。

战争机器

列奥纳多·达·芬奇用他丰富的想象力设计出了许多新式的交通工具与武器装备。这些战争机器的设计多是用来取悦他的赞助人——米兰公爵卢多维科·斯福尔扎的。这些机器和装置在达·芬奇有生之年都没有被建造出来。

直升机
　　达·芬奇设计的飞行器模型具有可旋转的机翼，类似于现代直升机的回转轴。

最杰出的公爵大人：

　　鄙人纵览世间各路兵器发明大家之作品，深觉其所制不过稀松平常之俗物。鄙人大胆进言阁下，呈上所制秘器……

　　鄙人已准备依阁下之方便，演习所制兵器于阁下眼前。

打动贵人
　　达·芬奇曾给米兰公爵卢多维科·斯福尔扎写信，请求他考虑自己的武器发明。

机翼

机翼由亚麻布制成。

火炮

达·芬奇设计的火炮轻便灵巧，易于在战场上机动。

螺旋桨

飞行螺旋桨可以在飞行器上天时随意开闭。

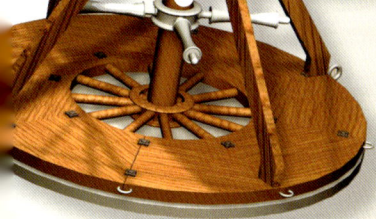

乘员

达·芬奇的坦克设计承载量是八人。

玳瑁壳

坦克的外壳被设计成龟甲的形状，并镀上金属加固。

坦克

达·芬奇曾告诉米兰公爵说，坦克将会"让对手溃不成军，您应该好好考虑一下"。

火炮

火炮安装在坦克的底座上。

背包机械

动力滑轮

手摇绳索

背包

传动链条

飞行器

达·芬奇飞行器的原理如下：飞行员由高处纵身一跃，然后用双脚不断上下踩踏，带动脚部的传送链条。这些链条与一组动力滑轮相连，滑轮将驱动飞行器巨大的双翼。

飞翔的梦想

列奥纳多·达·芬奇对人类有朝一日能像鸟儿一样飞翔的设想十分着迷。他模仿鸟类的飞行方式设计出了许多飞行器。这些设计在达·芬奇有生之年都没有上天测试，但是现代悬挂滑翔伞的机翼与达·芬奇设计的机翼非常相似。

挥动我们的翅膀

　　当达·芬奇开始设计手控翅膀时，他相信人类肌肉有足够的力量来不断扇动手臂。但当达·芬奇对解剖学有了进一步的研究以后，他意识到用手臂做翅膀并不可行，转而开始设计更像机器的翅膀。

蝙蝠的翅膀

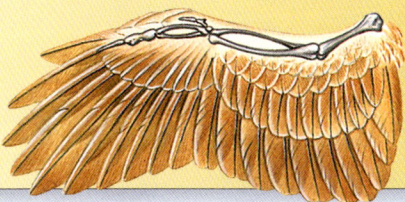

鸽子的翅膀

透视与比例

达·芬奇大部分作品都是非常写实的。他对透视与比例的兴趣帮助他实现了这样的真实性。透视法是一种把立体物体绘于二维平面上，从而使绘画展现物体的正确比例与位置的方法。画家将远处的物体画得比近处的小一些，就是应用了透视法作画。达·芬奇是开创这种画法的先驱之一。

不可思议！

尽管有僧侣付钱让达·芬奇画《贤士来朝》，他却没能完成这一作品。

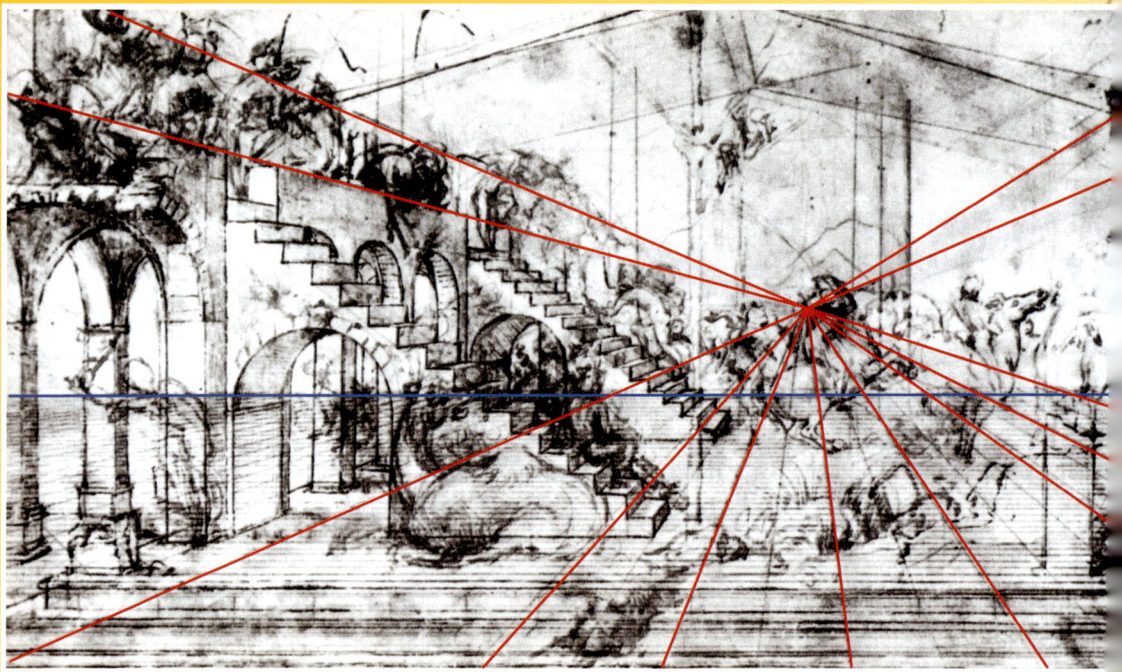

接近真实

达·芬奇在1481年上下创作了《贤士来朝》的草图。在草图中我们可以看到，他先为观画者的视线设立了一个叫做没影点的透视点，接着在该点的周围画上人物与物体。在画中画上线条是为了保证成稿尽量接近真实。

图解

—— 水平线与观者的视线平齐

—— 垂直线将观者的目光导向中心点。

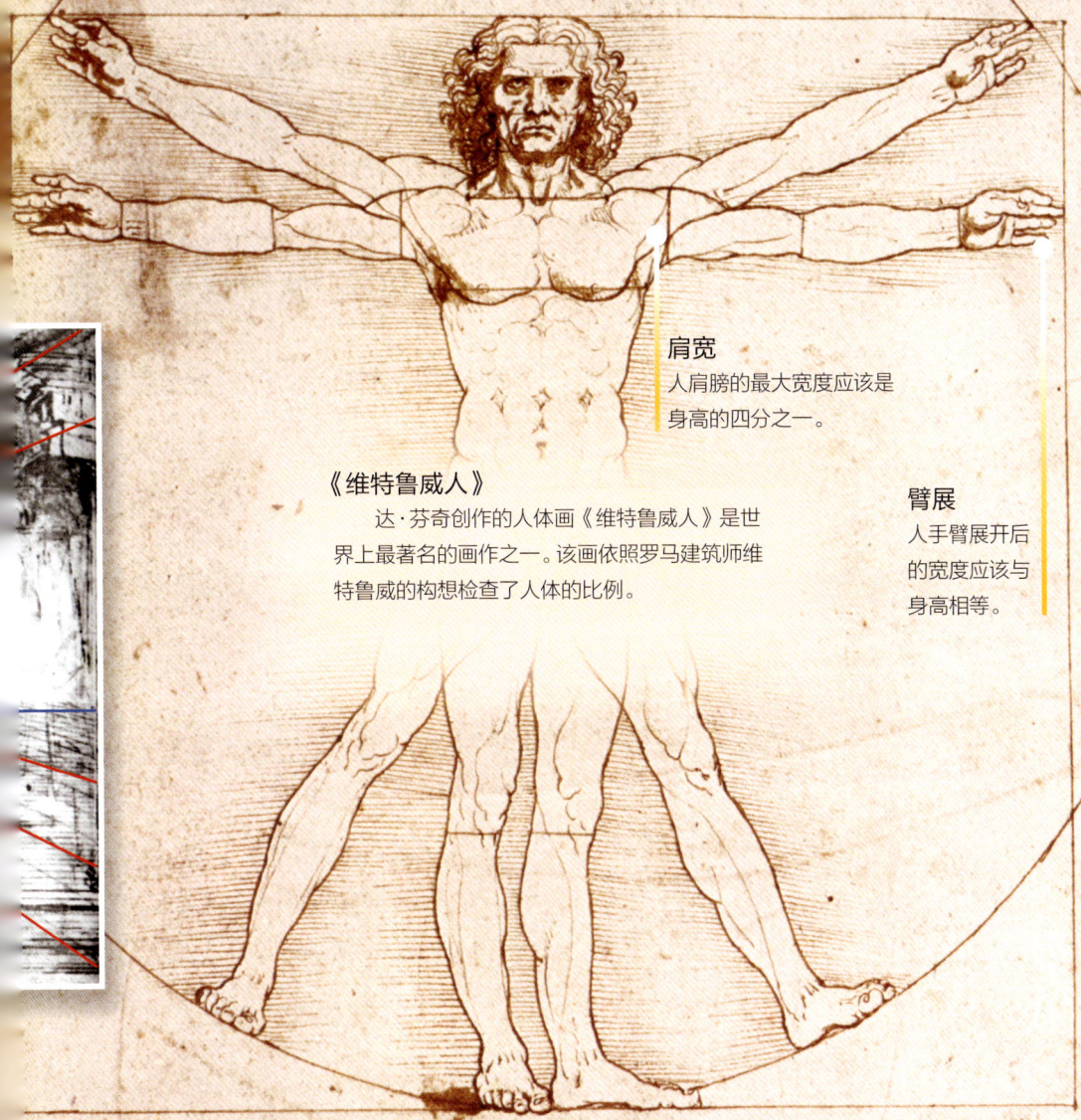

肩宽
人肩膀的最大宽度应该是身高的四分之一。

《维特鲁威人》
　　达·芬奇创作的人体画《维特鲁威人》是世界上最著名的画作之一。该画依照罗马建筑师维特鲁威的构想检查了人体的比例。

臂展
人手臂展开后的宽度应该与身高相等。

人体解剖

达·芬奇对人体非常感兴趣。他想充分了解人体各部分的运转方式，以及人体各部分是怎样结合在一起的。他通过解剖人体进行实验，实验对象主要是死刑犯人的尸体。获得用于解剖的尸体并不容易，因为许多人都对他的做法颇有非议。

人体骨骼

达·芬奇对骨骼的比例非常着迷。他不仅要弄明白每块骨头的细节，还要对比每块骨头之间的相对尺寸大小。

身体构成

达·芬奇通过绘制钢笔画对人体骨骼进行研究，研究范围包括人体脊柱、骨盆及胸腔的细节构造。

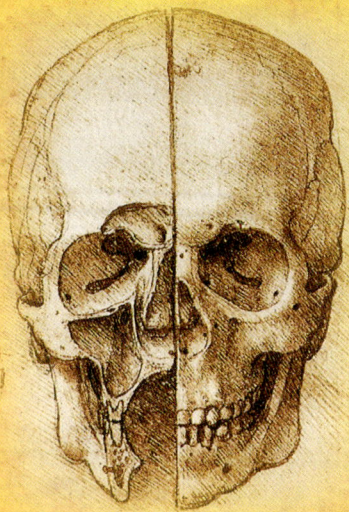

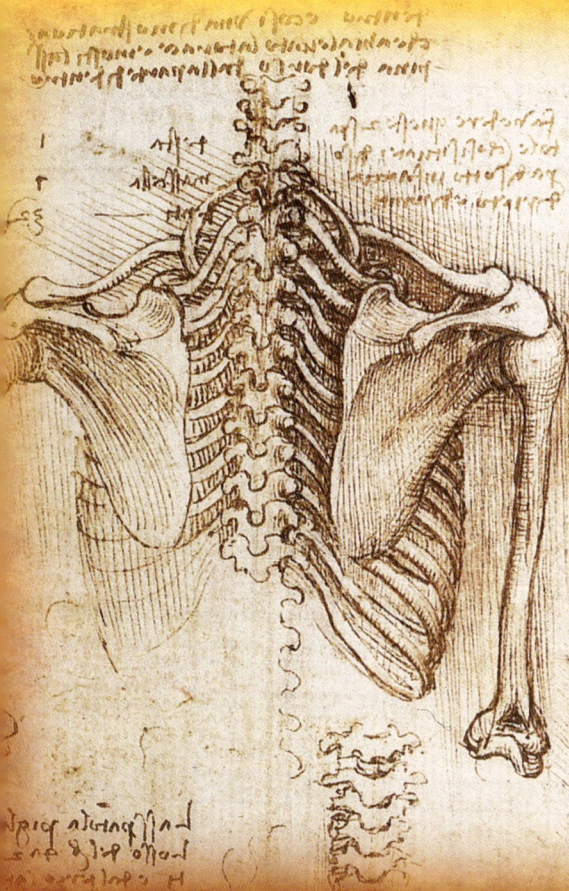

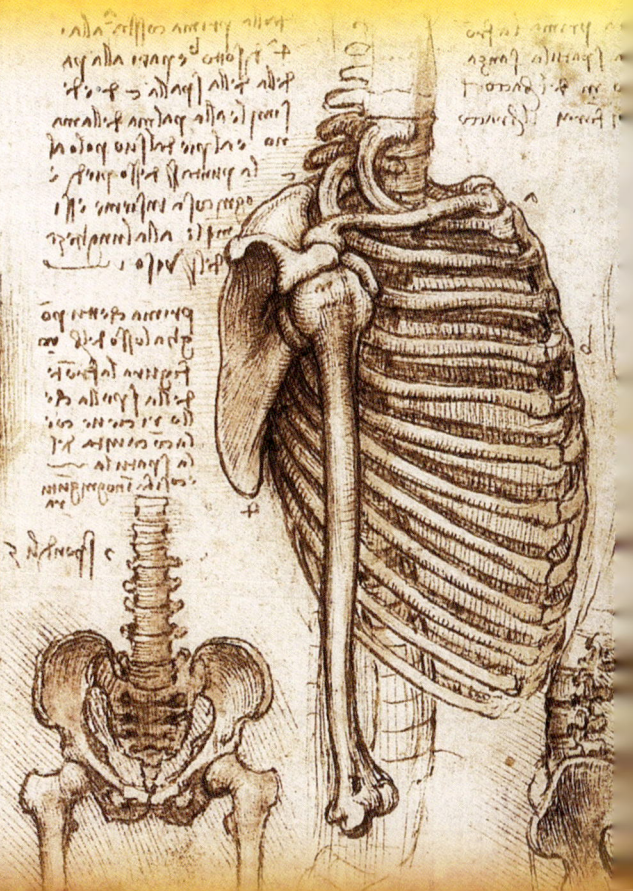

有趣的肖像

达·芬奇热衷于绘制肖像。他会记住一张有趣的脸，并把它画出来。他能很好地抓住这张脸的表情。在这些画作中，他运用了他对于透视的知识，这一点对于描画头骨的凹凸部分具有重要作用。

由于没有冷藏措施，达·芬奇的解剖工作必须速战速决，否则尸体很快就会腐烂发臭。

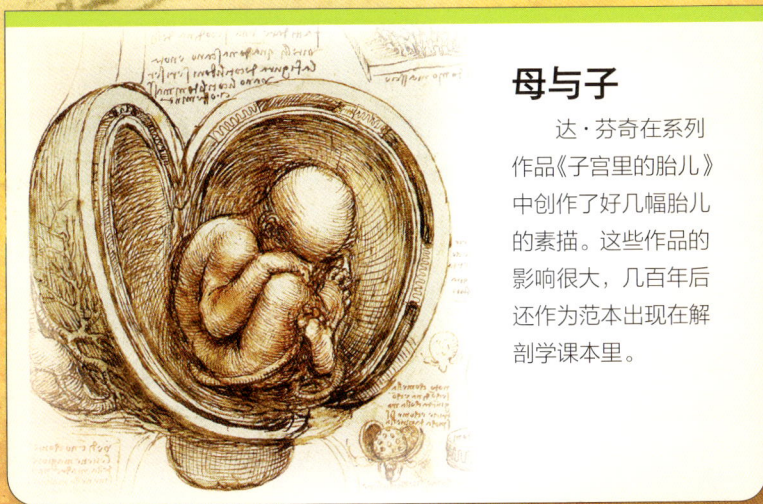

母与子

达·芬奇在系列作品《子宫里的胎儿》中创作了好几幅胎儿的素描。这些作品的影响很大，几百年后还作为范本出现在解剖学课本里。

《蒙娜丽莎》

《蒙娜丽莎》是世界上最富盛名的油画之一，也是美术史上最伟大的肖像画。达·芬奇于 1503~1506 年之间创作完成了这幅作品。这幅画能享有盛名，源于达·芬奇对光影的运用以及将人物置于风景之前的表现手法。《蒙娜丽莎》又名《乔康达夫人》，它被藏于巴黎的卢浮宫中。

不可思议！

《蒙娜丽莎》曾在 1911 年从卢浮宫中被盗，但在两年后失而复得。在那两年间，反而有更多的游客争相欲睹卢浮宫陈列墙上那块传奇的空白。

永恒的微笑

几个世纪以来，艺术史学家一直在试图解读蒙娜丽莎那淡淡的微笑到底代表着什么。一位科学家指出，如果你将眼睛定格在蒙娜丽莎的眼睛而不是嘴上，那微笑将会更加明显。

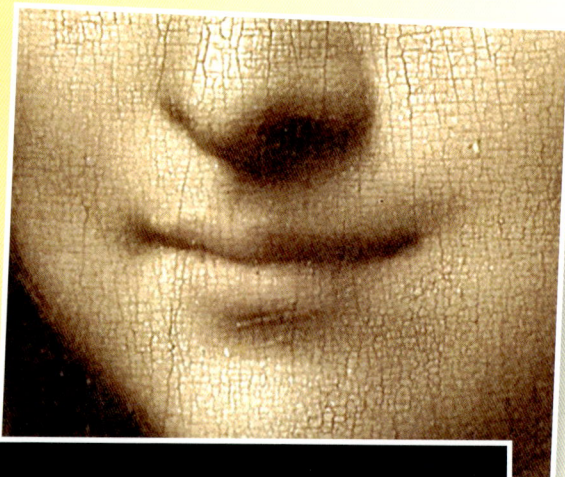

手的姿态

在达·芬奇的时代，肖像画的主人公一般会摆出僵硬的造型来。而蒙娜丽莎手部的姿态证明她很放松。

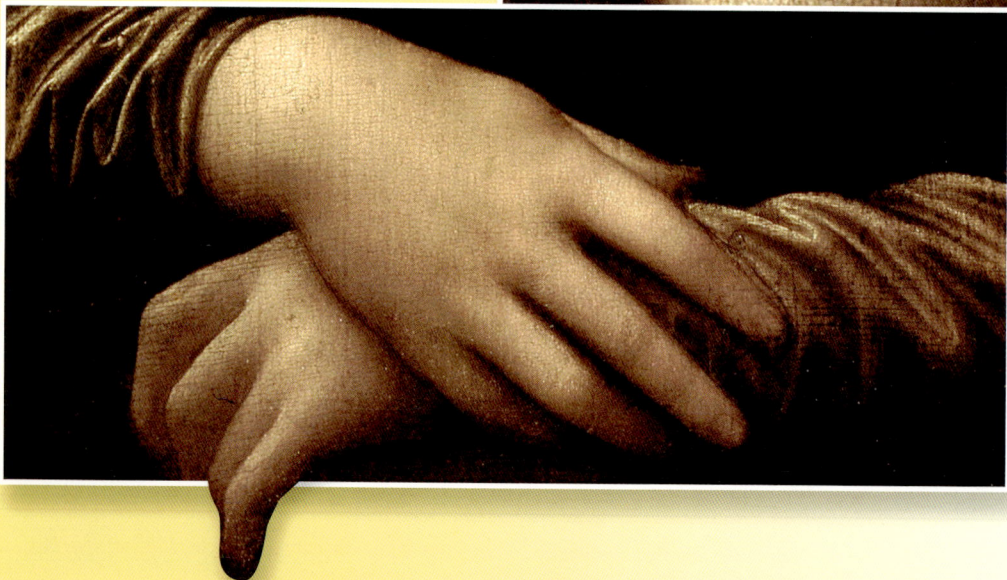

风景
之所以将风景作为肖像背景，是因为达·芬奇深信自然与人性的联系。

头发
蒙娜丽莎头发上的深色将她的身体与上半身上的亮色衬得更加明亮。

衣着
蒙娜丽莎衣服上的褶皱是用一种叫做"晕涂法"的手法画出的。这种手法能绘制出没有明显线条或界限的明暗过渡。

乔康达夫人
　　几百年来，人们一直为画中女人的身份争论不休。现在，大家相信画中人是丽莎·乔康达夫人，她是一位佛罗伦萨商人的妻子。

《最后的晚餐》

《最后的晚餐》是一幅壁画，由达·芬奇在1495年到1498年间于意大利米兰一座教堂的后壁上画成。这幅画是达·芬奇为他的赞助人米兰公爵卢多维科·斯福尔扎所作。画里描绘了耶稣基督和十二使徒最后的晚餐。

作品复原

之前　　　之后

达·芬奇在创作《最后的晚餐》时采用了一种新技巧，可惜该技巧未能奏效，反而让颜料逐渐褪色。在1978年至1999年间，科学家对《最后的晚餐》进行了复原。

雅各
雅各对耶稣的话感到恐惧与不可置信。

犹大
犹大看上去对耶稣知道有人要出卖他感到十分震惊。他的右手正紧紧攒着出卖耶稣换来的一袋银子。

约翰
约翰看上去像在深思耶稣的话。有些史学家认为他似乎是一副快要昏倒的样子。

三角形的稳定性

达·芬奇知道三角形代表了稳定的结构。所以他在描绘耶稣时，除了将耶稣安置在观者首先注目的画面中央，还特意将耶稣的身形画成了三角形。

耶稣基督
耶稣方才告诉自己门徒们，他已知他们中的一人要出卖他了。

多马
多马看上去很生气，似乎想质问出卖耶稣的叛徒。

达太
达太转向西门，似乎在讨论下一步该怎么办。

巨人的晚年

达·芬奇的晚年在罗马和法国度
过。他继续钻研着解剖学、工
程学以及人与自然的关系，直
到 1519 年 5 月 2 日溘然长逝。

《世界末日》

达·芬奇最后的作品包括一组16张的小幅风
景画，他将这组画命名为《世界末日》。这些作
品将地球描绘成一个充满暴力和怒气的地方。

> **" 没有已完成的艺术，只有
> 被抛弃的艺术。"**
>
> 列奥纳多·达·芬奇

达·芬奇去世的地方

达·芬奇在1482~1500年与1506~1513年间居于米
兰；1500~1506年居于佛罗伦萨；1513~1516年居于罗
马；最后在1516年定居法国，直至逝世。

最后的家

达·芬奇在生命的最后几年住在法国的昂布瓦斯。昂布瓦斯坐落于法国卢瓦尔河旁的石岸上。

是真是假？

这幅画描绘了法国国王弗朗索瓦一世在达·芬奇去世时抱着他的头的景象。传说达·芬奇去世时法国国王就在现场，这幅画就是依据这个故事创作而成的。

弗朗索瓦一世

有记录表明达·芬奇去世时，弗朗索瓦一世正在德国访问。

列奥纳多·达·芬奇

达·芬奇被安葬于昂布瓦斯的皇家城堡中。

? 谁更天才？

达·芬奇是人们公认的天才。除他以外，还有其他几位历史人物也被人们认作天才。现在想想，在你心目中，西方文明史上最伟大的天才到底是谁。

列奥纳多·达·芬奇

达·芬奇生于1452年，他因《蒙娜丽莎》《最后的晚餐》等画作以及他设计的飞行器等其他机械而享誉后世。

达·芬奇的成就与才干一览

☑ 发明了新的艺术手法。

☑ 在飞行器被发明几个世纪前就设计出了雏形。

☑ 设计出了战争机器。

☑ 探秘人的身体，对人体有了许多发现。

☑ 画出了《蒙娜丽莎》。

☑ 画出了《最后的晚餐》。

☑ 画出了《维特鲁威人》。

☑ 在工程设计领域做出了贡献。

列奥纳多·达·芬奇

牛顿

艾萨克·牛顿（1643~1727年）是位科学家，更是数学家。他发现了万有引力定律。

> 天才是百分之一的灵感加上百分之九十九的勤奋。
>
> 托马斯·爱迪生

爱因斯坦

阿尔伯特·爱因斯坦（1879~1955年）是位科学家。他对时间和空间有许多发现。

莫扎特

沃尔夫冈·阿玛多伊斯·莫扎特（1756~1791年）是一位作曲家，也是音乐家。他一生创作了600多首作品。

莎士比亚

威廉·莎士比亚（1564~1616年）是一位作家，他的著名剧本包括《罗密欧与朱丽叶》、《李尔王》和《麦克白》。

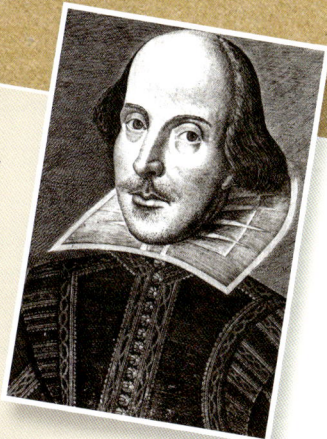

其他天才

历史上还有许多为世人津津乐道的天才，比如查尔斯·达尔文、米开朗基罗、托马斯·爱迪生和柏拉图等等。查一查资料，看看他们都有怎样的成就。

教你写镜像密信

达·芬奇将他的每一个想法都记录了下来。不幸的是，他的手稿只有约 1/4 流传至今。达·芬奇的大部分笔记都是用镜像密信写成的。对他来说，这就像正常写字一样稀松平常。

2. 写下信息

Are you a spy?

在纸上正常写下一个单词或一个句子。

1. 准备

写镜像密信，你只要准备几张纸，一支铅笔或钢笔和一面镜子。

是真是假？

有些人认为达·芬奇之所以用镜像密信记笔记，是因为他是个左撇子。他不想因此把纸给弄脏。

3. 制作密信

将这张纸摆在镜子面前，并将你在镜子里看到的字抄到另一张纸上。

4. 破译密信

只有把你的信对着镜子读才能读得出来。

一则密信

你能不用镜子读出这则密信吗？

达·芬奇的创想

达·芬奇在人们发明某样东西的数百年前，就已经想出了雏形，展现了他非凡的想象力。虽然也有不少历史人物想出了一两个非凡的点子，但是像达·芬奇这样想出了几十个的却很少。

这里是他的一些著名的发明。

直升飞机

达·芬奇是第一个构想出直升机式飞行器的人。

15世纪80年代

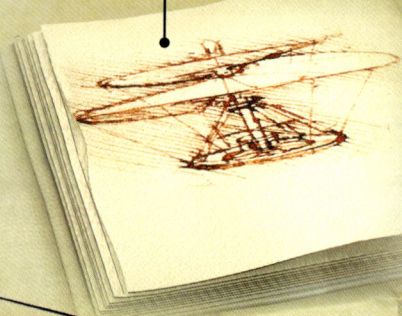

直升飞机

坦克

坦克是达·芬奇设计的诸多战争机器之一。

15世纪80年代

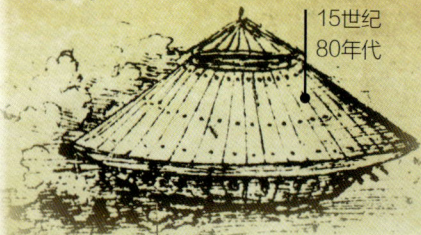

坦克

水肺

达·芬奇曾画过一幅潜水服的草图。

15世纪80年代

戴水肺的潜水员

降落伞

达·芬奇设计的降落伞很像一个带有控制索的帐篷。

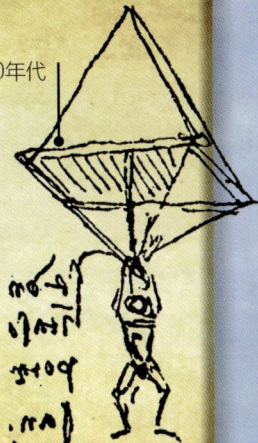

15世纪80年代

降落伞

自行车

达·芬奇也许就是第一辆自行车的设计者。

大约15世纪90年代

自行车

飞行器

这只是达·芬奇设计的许多种飞行器中的一种。

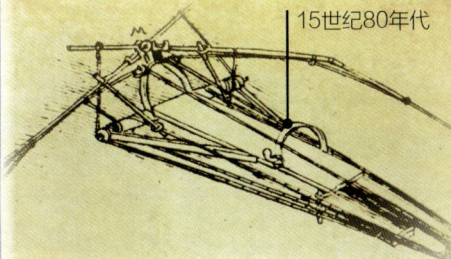

15世纪80年代

悬挂滑翔伞

桥

达·芬奇曾设计过一种轻便、易活动的军事用桥。

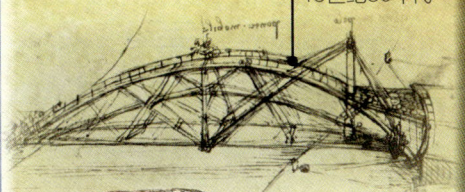

15世纪80年代

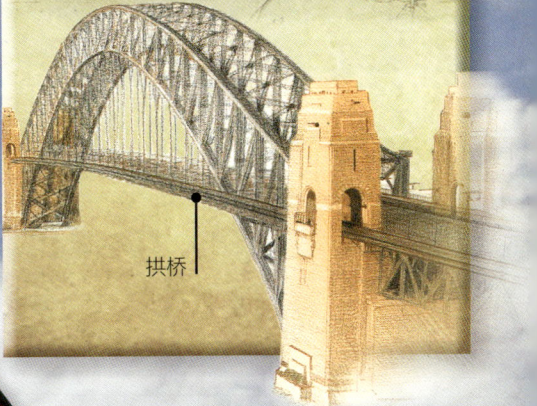

拱桥

放眼未来

读完这本书，你已经知道达·芬奇曾经画出了许多几百年后才被发明出来的装置的草图。他用透视未来的目光，思考着未来人类的需要。

现在，该你来扮演达·芬奇了。

请想一想，在四百年后，世界将变成什么样？

然后，请设计一款装置，来帮助2412年的人类活得更好，更精彩。

这几个问题可能对你有所启发：

1 2412年的人类将会怎样跨国旅行？

2 厨房里会有怎样的设施让烹饪变得简单？

3 未来的教室会是什么样？

4 打扫房间的时候会用到什么工具？

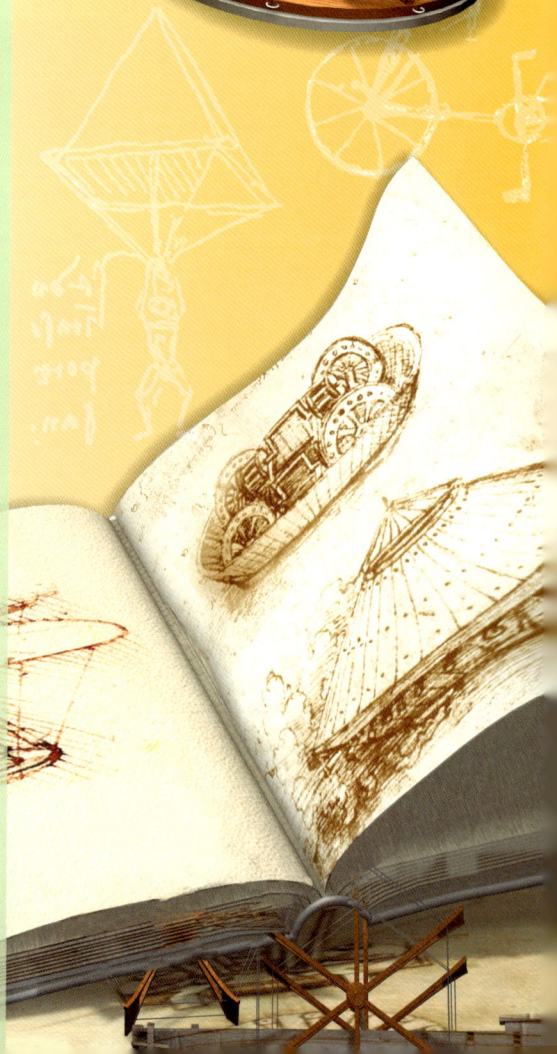

知识拓展

熟悉 (acquaint)
知道得很清楚。

解剖学 (anatomy)
研究动植物结构的学科。

环球旅行 (circumnavigate)
环绕地球航行。

连续地 (continuously)
不加停顿地。

描绘 (depict)
展现，表达。

阁下 (excellency)
一种对身居高位者的尊称。

天才 (genius)
比大多数人都聪明的人。

人性 (humanity)
与人类有关的品性。

谦卑 (humility)
谦虚的品质。

杰出 (illustrious)
形容重要、受尊敬或有名的人或物。

卢浮宫 (louvre)
位于法国巴黎的一座艺术馆。

商人 (merchant)
买卖东西的人，贸易者。

壁画 (mural)
在墙壁或穹顶上作的画。

沉迷 (obsession)
入迷，着迷。

垂直 (orthogonal)
竖直的角度。

赞助者 (perspective)
援助艺术家的人。

初步的 (preliminary)
在主要工作之前做的工作。

比例 (proportion)
某物与其他物体相比的尺寸。

传动滑轮 (pulley)
使绳索或锁链更容易上下拉动的装置。

写实 (realism)
表现现实生活的手法。

加固 (reinforcement)
提供额外的保护。

文艺复兴 (renaissance)
从 15 世纪到 16 世纪的历史时期，其间产生了许多发现。

学者 (scholar)
从事研究工作的人。

稳定 (stability)
强度高，牢固。

胸腔 (thorax)
脖子与下胸部之间的人体内腔，内含肺部与心脏。

透视法 (vanishing point)
一种正确显示立体空间的方法。

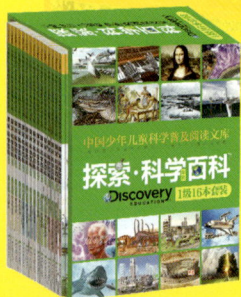